AF358914

LETTRE

à

M. le Maire de la Ville de Vannes.

LETTRE

A

Monsieur le Maire

de la

VILLE DE VANNES

par

MM. DE VIREL & JULES BESQUEUT

VANNES

IMPRIMERIE DE GUSTAVE DE LAMARZELLE

1856

LETTRE

A

Mr. le Maire de Vannes.

MONSIEUR LE MAIRE,

Portant la parole devant ceux-là même dont nous combattons l'opinion et dont nous semblons combattre les intérêts, nous n'avons garde de nous dissimuler les désavantages de notre position. Ces désavantages sont à tel point évidents, les résultats que, dans la meilleure des hypothèses, nous pouvons espérer de nos paroles, sont tellement négatifs, — puisqu'au demeurant, ce n'est pas devant la Ville de Vannes que nous plaidons notre cause, mais devant les Compagnies de chemin de fer, — devant tout autre tribunal que celui-là, entre un Conseil municipal et deux simples particuliers, la partie est tellement inégale, nous savons si bien qu'à moins d'une extrême mesure ces sortes de polémiques sont d'ordinaire stériles et ne servent, en se prolongeant, qu'à engager de plus en plus les amours-propres ; eussions-nous dix fois raison, nous avons tant de motifs de nous taire et si peu de parler, que nous n'eussions pas hésité à garder le silence, si nous n'eussions considéré le débat ouvert entre nous comme une sorte d'enquête où il ne nous était pas permis de réserver notre témoignage. Nous parlerons donc encore une fois, mais en nous souvenant que toute discussion faillit à son but, qui est de convaincre, sitôt qu'elle porte l'irritation dans les esprits. Sans doute, en ce qui concerne les idées, nous userons librement et largement du droit de discussion partout où nous croirons être dans le vrai. Dans la critique des idées, nous ferons hardiment usage de toutes les armes autorisées dans un loyal débat. Mais nous nous arrêterons aux idées. Nous nous garderons de critiquer les actes et les intentions, parce que nous respectons et honorons les caractères, et qu'à nos yeux telle est la ligne de démarcation qui sépare la bonne polémique de la mauvaise. Nous n'oublierons pas que nous nous adressons à des hommes investis de la considération publique et de la nôtre propre, au premier Magistrat d'une ville importante, et nous tâcherons que nos paroles portent l'empreinte des égards que nous devons non moins à son caractère personnel qu'à son caractère public. Nous dirons nos raisons gravement, simplement, comme il convient entre gens qui s'honorent mutuellement et qui, tout en faisant valoir de leur mieux

leur opinion, ne se proposent pas de désigner leurs adversaires à
l'animadversion publique, confessant loyalement nos propres er-
reurs et relevant hardiment celles des autres. Car, quoiqu'ait pu
dire à cet égard M. le Rapporteur, nous n'avons pas la prétention
d'être infaillibles. En un mot, nous jouerons ce que les Anglais appellent le *beau jeu*, convaincus que si les entraînements de la
plume ne trahissent pas à notre insu nos sincères idées de modé-
ration, si nous savons jusqu'au bout de cette discussion, tout en
attaquant les idées, respecter les actes et les caractères (1), l'opinion publique, alors même que nous la combattons, ne faillira pas
à nous en tenir compte. Nous défendons nos propres intérêts, et en
nous prêtant la prétention de nous porter champions des intérêts
généraux, M. le Rapporteur nous a encore une fois prêté un ridicule qui ne nous appartient pas, qu'aucune parole de notre Mémoire ne justifie, et contre lequel protestent les signatures à dessein
purement individuelles dont nous l'avons souscrit. Nous ne parlons
au nom de nul autre intérêt que du nôtre. Mais à cet égard, la
position de M. le Rapporteur du Conseil municipal ne diffère pas
sensiblement de la nôtre. « Tout en sauvegardant nos intérêts
privés, nous sommes les seuls (il s'agit des conseillers municipaux)
auxquels il soit interdit d'être égoïstes (2). » Phraséologie assez peu
claire que nous interprétons ainsi : Les auteurs du Mémoire sont
une individualité, la Ville de Vannes en est une autre; entre ces
deux individualités, il y a toute la distance que l'on voudra : celle,
par exemple, du nombre 15,000 au nombre 2 ; toujours est-il que

(1) Si nous nous en tenons là, il n'y aura rien à nous dire. On n'a pas été si
généreux à notre égard, et si nous nous plaignons d'une chose c'est de celle-là.

(2) *Page 11 du Rapport du 10 mai.*

ces deux nombres représentent deux individualités, et rien de plus. Le général est ailleurs : c'est le pays tout entier. Son intérêt distinct de tous les intérêts individuels est d'obtenir le plus grand résultat possible, le plus grand bien, de la plus petite dépense possible. Là-dessus il ne saurait y avoir deux opinions, et assurément nous sommes tous d'accord. La solution la plus conforme à l'intérêt général est donc celle qui engage la moindre part du capital national, et proportionnellement à ce capital engagé rapporte les plus gros revenus. Pour bien fixer les idées, que l'on nous permette deux hypothèses : 1° celle d'un tracé coûtant dix millions et rapportant en services productifs un intérêt de 500,000 fr. ; 2° celle d'un tracé coûtant moitié moins et rapportant la même somme de 500,000 fr. — Quand bien même la première hypothèse desservirait les intérêts de toute une ville et la seconde ceux d'un seul individu, il n'en subsisterait pas moins que la seconde hypothèse serait celle conforme à l'intérêt général.

Ceci posé, revenons à la phrase de M. le Rapporteur, que nous nous permettons de commenter et d'éclaircir, parce que nous avons le plaisir de reconnaître que sur ce point, à défaut d'autres, nous sommes complétement d'accord.

M. le Rapporteur a voulu dire, et nous disons avec lui, que tout l'effort de son argumentation est d'établir que l'intérêt privé de la Ville de Vannes est d'accord avec l'intérêt général, et que s'il lui était prouvé que cet intérêt général fût incompatible avec l'intérêt privé représenté par lui, il n'hésiterait pas à en faire le sacrifice. Ces sentiments sont aussi les nôtres. Dans un sens, nous sommes aussi peu égoïstes que M. le Rapporteur ; dans l'autre, — en dépit de sa phrase, maison à deux portes, l'une par devant, l'autre par derrière, présentée du côté de sa façade d'honneur, — dans l'autre, disons-nous, il est aussi égoïste que nous. Lui et nous le sommes dans la mesure permise, tâchant d'établir que notre intérêt particulier est conforme à l'intérêt général, prêts à passer nous-mêmes condamnation sur nos idées, sitôt qu'il nous sera montré qu'il ne l'est pas.

Nous avons tenu à mettre tout d'abord ce point en lumière, afin de faire disparaître de la discussion des fantômes qui ne sont faits pour effrayer ni M. le Rapporteur ni nous-mêmes. Il ne s'est pas posé en champion des intérêts généraux, et nous pas davantage. Quand on saura quelle solution satisfait le mieux ces intérêts, il sera temps de dire à celui de nous qui l'aura combattue, qu'il s'est fourvoyé sur la voie de ses intérêts particuliers. Jusque-là, tout propos de ce genre serait prématuré et courrait risque de se retourner contre ses auteurs. Quel que doive être le dénouement, nous pensons même qu'il conviendra de l'épargner aux vaincus. Car nous croyons à la conviction de nos adversaires, comme nous les prions de croire à la nôtre. La solution du problème, au point de vue de l'intérêt général est loin d'être simple et facile ; on peut s'y tromper de la meilleure foi du monde, et il n'y a que les cervelles étroites pour déterminer du premier coup s'il y a ici des ennemis du bien public. Elle exige des recherches, des travaux de plusieurs sortes, dont plusieurs ne sont pas encore exécutés. Pour notre part nous y concourons au moyen de l'enquête contradictoire ouverte entre nous.

Avant de passer outre, il est bon d'apprécier la valeur de cette enquête.

Que l'on nous permette de dire notre pensée tout entière. Sur de certains points, elle ne signifie rien, n'a absolument nulle valeur, et n'avance en rien la question. Sur d'autres, elle a une valeur que nul ne songera à contester.

La modestie ne nous coûte pas plus qu'à M. le Rapporteur. Ainsi, quand nous comparons les difficultés de construction de tel ou tel tracé, les uns et les autres n'avons qu'une compétence de seconde main. A vrai dire, les uns et les autres nous nous égarons dans une discussion oiseuse, puisque les Ingénieurs de la Compagnie ne tarderont pas à publier des études qui résoudront en chiffres positifs ce que nous nous efforçons de résoudre par induction. Alors on verra bien quel tracé coûte le plus cher; on mesurera tout à son aise les différences de prix et de longueur des nombreuses combinaisons étudiées par les Ingénieurs, du tracé direct par l'Artz, des diverses déviations par Vannes et de l'embranchement. Jusque-là, pour employer une expression vulgaire qui rend notre pensée, nous donnons des coups d'épée dans l'eau, et c'est à quoi nous faisions allusion dans notre Mémoire, lorsque nous disions que sur ce point, jusqu'à ce que les études fussent faites, nul ne pouvait prétendre dire le dernier mot. Nous ne nous faisions, qu'on veuille bien le croire, aucune illusion sur notre compétence.

En ce qui concerne le trafic des deux lignes, c'est tout différent. « Ici, dit M. le Rapporteur, ces messieurs sont chez eux. » *(p. 18, l. 1 du Rapport)*. Rien de plus vrai ; particulièrement, lorsque nous parlons des produits et des consommations de nos usines et du rendement des forêts de l'Artz, notre témoignage à l'enquête a une valeur considérable, et nous espérons que l'on ne nous accusera pas de forfanterie pour déclarer que, sur cette matière, il n'y a pas de compétence qui se puisse comparer à la nôtre, parce que tout simplement cela revient à dire que nul ne connaît nos affaires aussi bien que nous.

Nous n'avons donc pas la ressource de trancher avec modestie, en appuyant nos assertions sur nous ne savons quelles compétences anonymes, quelles spécialités inconnues. Les compétences en ces matières n'abondent pas dans notre département; il faudrait les aller chercher jusque vers les confins des départements voisins; et encore osons-nous dire que, pour ce qui concerne nos localités et nos propres affaires, nos témoignages à nous-mêmes ont une valeur supérieure. Ce qu'il y a de particulier, c'est que de ces spécialités, M. le Rapporteur en a rencontré un concours *(p. 18, l. 4)*, une multitude *(p. 19, l. 14)*, là où nous pensions qu'on eut eu peine à en rencontrer une ou deux dans le département. Malheureusement pour ces autorités *(p. 18, l. 4)* en matière de forges et de bois, qui ont foisonné, un peu trop facilement peut-être, sous l'heureuse main de M. le Rapporteur, la quantité n'a pas suppléé la qualité. Nous lui ferons voir qu'il a été par elles induit en erreur, lorsqu'il a voulu s'appuyer de leur opinion pour infirmer nos assertions et les taxer d'exagération.

Dans le premier cas, donc, M. le Rapporteur et nous, en sommes réduits à suivre pas à pas les Ingénieurs. Ceux-ci ne peuvent que sourire de nos chiffres et y répondre comme Alceste :

« Nous verrons bien. »

Dans le second, c'est à eux d'ouvrir les oreilles ; ce sont eux qui sont obligés de nous interroger, et ne savent guère que ce que nous voulons bien leur apprendre. C'est pourquoi, dans cette portion de l'enquête, notre témoignage a, aux yeux de tous, une valeur considérable.

Réglons encore un compte personnel avec M. le Rapporteur. Nous voulons parler d'un reproche sur lequel il appuie avec une insis-

tance particulière, qui occupe plusieurs de ses pages — idée per-
sistante qui semble pénétrer toutes les lignes de son travail — et à
laquelle nous hésitons à répondre, tant nous comprenons mal l'importance qu'il y attache ; ce reproche est celui de clandestinité
dans nos démarches. Il est facile de voir que de tous nos actes,
c'est celui qui a le plus choqué l'esprit de M. le Rapporteur. Il cite
à ce propos plusieurs dates qui toutes sont exactes. Mais il oublie
une chose essentielle : c'est que, dans notre pensée, notre Mémoire
s'adressait non pas à la Ville de Vannes, mais bien à la Compagnie,
ainsi que l'atteste notre conclusion très formelle *(p. 29, lig. 13)*.
Il était donc naturel et convenable que notre Mémoire, imprimé
le 3 avril, fut par nous remis à ceux auxquels il était adressé avant
de l'être à ceux auxquels il ne l'était pas. Or, à Paris où rien ne
se fait promptement, nous n'y avons guère pu réussir avant le 10
ou le 12. Il a bien fallu ensuite quelques jours pour rentrer à
Vannes, et le jour même de notre retour, le 19 avril, notre Mémoire
était émis. Vous voyez, Monsieur le Maire, la question de priorité
résolue en faveur de la Compagnie, que l'on aurait grand'peine à
trouver ici une clandestinité de vingt-quatre heures ; et dans une
affaire marchant aussi lentement que celle-ci, destinée sans doute
à passer par tant de vicissitudes, qui, avant d'être résolue, exigera
encore des mois, peut-être des années, nous avouons ne pas com-
prendre l'importance que M. le Rapporteur attache à ce mince re-
tard que l'on ne pouvait éviter qu'en opérant comme la foudre.
Quand nous voyons la force et l'énergie des expressions avec lesquelles M. le Rapporteur stygmatise ce qu'il appelle la clandestinité
et ce qui n'est, en réalité, que la *non-instantanéité* de nos démarches *(p. 9, lig. 5 du Rapport du 10 mai et passim)*, nous ne

pouvons, en vérité, attribuer une telle explosion qu'au juste senti-
ment de sa force et à son impatience d'entrer en lice. Du reste, si
l'on voulait s'entêter à trouver en ceci du mystère — il y a des esprits affligés du besoin d'en voir partout, — si l'on voulait à toute
force chercher des clandestinités dans notre débat, nous ne serions
pas embarrassés d'en indiquer plusieurs de même nature que la
nôtre. Ainsi, le Rapport présenté le 10 mai au Conseil municipal,
ne nous a pas été communiqué avant les premiers jours de juin (1),
ce qui fait entre l'exécution et la publicité exactement le même
délai que pour notre propre Mémoire, vingt jours. Mais voici bien
autre chose. Le premier acte du Conseil municipal, dans cette affaire, porte la date du 21 décembre 1855. M. le Rapporteur semble
croire que ce premier acte a été immédiatement porté à notre connaissance. C'était peut-être son intention qu'il en fût ainsi *(p. 9,
l. 1 et suiv.)* Cela n'a pas été (2). Nous ne l'avons connu que près
de trois mois après, en mars 1856, et durant cet intervalle, personne n'ignore que les démarches n'avaient pas été épargnées
contre la ligne de l'Artz : lettres, recommandations (de combien
de gens, Dieu le sait, en dehors comme en dedans du Conseil municipal, de tous les personnages qui se sont cru quelque importance,
quelque crédit auprès des Agents supérieurs ou subalternes de la

(1) Nous ne saurions à la vérité préciser la date, vu qu'au moment où ce document a été remis à notre domicile, nous nous étions de nouveau *glissés* à Paris.
Tout ce que nous savons, c'est que ce n'a pas été avant les premiers jours de
juin, et cela suffit à ce que nous avons à dire.

(2) Ce jour-là, nonobstant la rédaction toujours un peu vaporeuse de M. le
Rapporteur, vous vous étiez bien gardés de nous faire asseoir au milieu de vous,
pour recevoir nos objections, et notre silence de trois mois ne prouve qu'une
seule chose : c'est que, durant tout cet intervalle, pour employer une expression célèbre de l'ancien langage parlementaire, *nous n'avons rien su.*

Compagnie), — voyages officieux, sollicitations; certes, on ne s'était pas croisé les bras, on avait mis le temps à profit. Et tout cela à notre insu, chose assez remarquable dans une petite ville (1); et partout où plus tard nous-mêmes avons pu faire des démarches, d'autres démarches antérieures avaient été faites. Partout on nous avait prévenu. On avait proprement remué ciel et terre. On nous dispensera d'entrer à ce sujet dans des détails que nous n'aurions pas de peine à fournir.

Disons-nous ceci pour récriminer? A Dieu ne plaise; chacun a le droit de faire ses affaires à sa guise. Nous trouvons parfait que Vannes ait agi comme il l'a fait. Mais nous demandons que, si l'on persiste à nous croire coupables de clandestinité, on nous juge à la mesure d'après laquelle on agit soi-même; que l'on nous permette de nous *glisser* de temps en temps à Paris, où nos affaires et nos affections nous appellent assez fréquemment, d'y voir qui bon nous semblera, et que, quand bien même nous ne ferions pas, — comme les marchands forains déballant leurs marchandises, — publier notre départ par un avis dans la presse locale, on veuille bien ne pas nous taxer d'agir en cachette *(p. 10, lig. 10 du Rapport)*. Nous agissons comme tout le monde. Nous partons sans mystère ni étalage, par la diligence, sans prendre de déguisement, sans marcher à la sourdine sur la pointe des pieds, sans nous glisser dans l'ombre à pas furtifs le long des murs, comme Basile, et nous devons à la vérité de déclarer que les détails si pittoresques rencontrés par la plume de M. le Rapporteur, sont de purs traits de son imagination. Nous n'ignorons pas qu'il faut être de très grands

(1) Affaire de hasard, croyons-nous, et non de préméditation. Du reste, peu nous importe.

ou de très petits personnages pour qu'il y ait lieu d'initier le public à toutes ses allures. Et pourquoi userions-nous de mystère, s'il vous plaît? Est-ce que vous voyez du mal dans nos actes? pas plus que nous dans les vôtres, semble-t-il.

Les observations déjà présentées par nous suffisent, croyons-nous, Monsieur le Maire, à vous faire toucher du doigt l'étrange méprise commise par M. le Rapporteur, lorsqu'il a cru que notre Mémoire avait été par nous présenté à la Compagnie comme une étude toute faite. Une étude toute faite! — Bon Dieu! — Comme si nous ne savions pas que les études de chemins de fer se composent de nivellements, de profils, de devis, d'une masse de dessins et de calculs, en regard desquels les cahiers, devis et plans d'architecte bâtissant une maison ne sont que jeux d'enfant. — « Ne dérangez pas vos Ingénieurs, aurions-nous dit à la Compagnie, selon M. le Rapporteur *(p. 9, l. 19, p. 10, l. 11)*, voici leur besogne toute faite. » Pour nous attribuer une telle ingénuité que de présenter sérieusement à des gens sérieux nos simples notes sous le titre d'études toutes faites, il faut que M. le Rapporteur nous suppose doués d'une dose d'ignorance et de suffisance incroyables, ou que lui-même sache bien peu ce que c'est qu'une étude de chemin de fer. M. le Rapporteur veut bien nous donner la qualification d'hommes d'esprit *(p. 9, l. 17)*; avec les idées qu'il nous prête, c'est vraiment trop de bonté et de politesse de sa part. Si ces idées nous appartenaient, au lieu de mériter les éloges que M. le Rapporteur nous adresse beaucoup trop libéralement, nous ne serions pas même des nullités; nous regorgerions d'ignorance, de ridicule et de stupidité. Eh bien oui! nous avons parlé d'études toutes faites sur le tracé de la vallée de l'Artz. Comment n'avez-vous pas compris que nous entendions parler de celles faites régulièrement par les Ingénieurs et soumises à l'enquête en 1854? Que M. le Rapporteur veuille bien lire la page 25 de notre Mémoire, et son étrange méprise se dissipera d'elle-même. Ce qu'il y a de grave en ceci, c'est qu'elle n'est pas incidente au Rapport, elle en fournit l'argumentation fondamentale, que les parties successives ont pour but de développer (*p. 23, l. 10 et suiv., p. 25, l. 25 et suiv., p. 29, l. 10 et suiv., et passim*), ce qu'en rhétorique on appelle la charpente du discours. Cette méprise relevée, plusieurs portions du rapport continuent à subsister et à garder toute leur force. Mais le fonds logique de l'argumentation croule à terre. Nous avions à cœur de revendiquer le droit de nous tromper comme tout le monde. Nous en aurons, hélas! besoin tout à l'heure.

II.

M. le Rapporteur, qui s'est si fort mépris sur le but de notre Mémoire, doit avoir peine à se rendre compte du motif qui nous l'a inspiré. Nous allons le lui expliquer, et ici nous entrons au cœur même de notre discussion.

Ce Mémoire a été, à nos yeux, notre dire dans l'enquête ouverte par la Ville de Vannes, enquête où personne, sans doute, ne nous refusera le droit de dire notre opinion que jamais nous n'avons songé à tenir secrète.

Voici à quelle occasion nous avons cru devoir prendre la parole.

Le premier acte du débat est le Rapport en date du 21 décembre 1855, où l'on signale à la Compagnie les avantages qu'elle trouverait à abandonner la ligne de l'Artz et à passer par Vannes. Il est certain, pour emprunter à M. le Rapporteur ses expressions en date du 10 mai, il est certain que nous avons attribué aux *assertions* de ce Rapport une signification *très exclusive ;* que nous avons cru que, dans la pensée de ce Rapport, *l'établissement d'une ligne passant à Vannes devait absorber le trafic tout entier de la vallée de l'Artz, tandis que la ligne par cette vallée ne devait rien enlever au commerce de Vannes.* Aujourd'hui, M. le Rapporteur proteste contre cette pensée. Nous avons cru qu'il était exclusif. Lui, dit que non. Qui a tort de lui ou de nous? Arrêtons-nous un instant à examiner ce point.

Précisons bien la question, car ici encore le mérite des expressions de M. le Rapporteur n'est pas principalement dans leur parfaite clarté. Il s'agit de savoir si, dans le Rapport du 21 décembre, il a compris et indiqué à la Compagnie que le tracé par Vannes, simultanément avec les avantages qu'il énumère, offre le désavantage de perdre une portion quelconque du trafic qui eut suivi le tracé par la vallée de l'Artz.

Eh bien! il ne l'a ni indiqué à la Compagnie, ni compris. Il ne le comprend pas même encore à présent.

Il ne l'a pas indiqué à la Compagnie. Nous défions que l'on nous cite une seule phrase de son premier Rapport qui implique, même de loin, une telle éventualité. Bien plus, il lui a formellement dit le contraire : « *Il n'y a qu'avantages à passer par Vannes.* » Ou le français est une langue que nous ne comprenons pas, ou ces expressions veulent dire que les avantages du tracé par Vannes ne sont compensés par aucun désavantage. Son silence et ses paroles sont également décisifs.

Il ne l'a pas compris, il ne le comprend pas même encore à présent. « Erreur, nous dit-il, dans son dernier Rapport *(p. 21, lig. 29)*, quand vous présentez comme soustraite à la voie ferrée passant par Vannes la majeure partie des....... matières premières nécessaires à l'exploitation de vos usines. »

Voilà qui est clair et net. Nous ne nous occupons pas présentement de rechercher si l'opinion ci-dessus énoncée par M. le Rapporteur, en termes quasi-dogmatiques, est fondée, si réellement les matières énumérées par lui, qui eussent alimenté le trafic par la vallée de l'Artz, alimenteront également et en même proportion le tracé par Vannes. Nous constatons seulement que dès le principe, et encore aujourd'hui, les assertions de M. le Rapporteur sont aussi exclusives que possible, qu'il a dit, qu'il dit encore à la Compagnie : « Vous avez tout à gagner et rien à perdre à passer par Vannes. »

Voici d'ailleurs une observation préalable qui tranche la question. Si M. le Rapporteur eût eu le soupçon que la Compagnie fût en péril de perdre quelque chose en déférant au vœu dont il se portait l'organe, il n'eût pas été homme à dissimuler la vérité, fût-ce au service de sa propre cause ; son caractère est beaucoup trop loyal pour qu'une telle supposition soit permise à qui que ce soit. Il a pu ignorer, il a ignoré en effet. Personne ne le soupçonnera d'avoir dissimulé.

C'est à ce propos que nous avons cru devoir intervenir. Personne n'avertissait la Compagnie. Nous avons cru devoir l'avertir et lui dire : Prenez garde ! La combinaison que l'on vous propose a du bon et du mauvais. Elle vous fait gagner d'un côté et perdre de l'autre, et au demeurant nous pensons que vous y trouverez plus de perte que de profit. Examinez donc la question sous ses deux faces.

Voici, par exemple, les matières premières de nos usines qui, à elles seules, constituent un tonnage plusieurs fois supérieur à tout le trafic que dans l'état actuel Vannes est susceptible de fournir à un chemin de fer. Dans le cas du tracé par l'Artz, *toutes* (1) viennent s'y déverser. Dans le cas du tracé par Vannes, le chemin de fer n'en aura *rien*. Cela en vaut la peine.

(1) A l'exception d'une faible portion que nous indiquerons plus loin.

Tel a été, Monsieur le Maire, le but principal de notre première pu-
blication. Chemin faisant, nous avons pu aborder par occasion d'autres sujets, développer, par exemple, nos idées sur la meilleure
solution du problème agité entre nous. Toujours est-il que le motif
déterminant de notre intervention a été d'avertir la Compagnie que
l'assertion de M. le Rapporteur : « *Il n'y a qu'avantages à passer par
Vannes* » n'était rien moins qu'exacte, rien moins que fondée, qu'elle
reposait sur une connaissance excessivement imparfaite, excessivement défectueuse de l'état commercial de notre contrée.

Nous espérons pouvoir parler ainsi sans blesser M. le Rapporteur,
étranger à cet ordre de considérations et d'études, si savant que
chacun de nous s'empresse à le reconnaître sur toutes les autres.

Nous supplions donc toutes les personnes qui voudront bien suivre
cette discussion de ne pas perdre de vue que son vrai point de départ
n'est autre que l'assertion ci-dessus formulée de M. le Rapporteur,
« *Il n'y a qu'avantages à passer par Vannes* » formule brève à l'in-
verse de celles de Tacite, non parce qu'elle voit, mais parce qu'elle
ignore. Si nous comparions notre débat à une bataille, nous dirions
que c'est la position dont il s'est emparé tout d'abord. Nous l'en
avons délogé. Dans son second travail, il n'a garde de nous laisser
paisibles possesseurs d'un point de cette importance. Il organise une
nouvelle attaque. A qui demeurera définitivement la position ?

La nouvelle attaque de M. le Rapporteur repose sur une double
critique. « Premièrement, dit-il, dans l'hypothèse du tracé par l'Artz,
le chemin de fer ne ferait pas le transport de toutes vos matières
premières *(p. 19, l. 27).* »

Secondement, dans le cas du tracé vannetais, c'est une erreur de
présenter comme soustraite à la circulation de la voie ferrée la

majeure partie... des matières premières nécessaires à l'exploitation de vos usines *(p. 21, l. 29)*.

Dans le premier cas, vous ne donnez pas tout au chemin de fer. Dans le second, vous continuez à lui donner la majeure partie du transport de vos matières. De sorte que, sous ce rapport, entre l'une et l'autre hypothèse la différence est assez peu sensible pour qu'il soit permis de n'en pas tenir compte, et qu'il y ait lieu de maintenir en définitive l'assertion : « *Il n'y a qu'avantages à passer par Vannes.* »

Afin de savoir ce que vaut au fond la réplique de M. le Rapporteur, et qui demeurera maître du champ de bataille, examinons tout à notre aise les deux cas posés par M. le Rapporteur, et comme nous savons qu'il n'est pas homme facile à convaincre, ne craignons pas d'entrer dans les détails et de lui fournir les éléments de tous nos calculs, afin qu'il les vérifie lui-même. Il y verra des choses un peu plus précises et serrées d'un peu plus près, étudiées un peu plus à fond que les aperçus dubitatifs consignés aux pages 19 et 20 de son Rapport, servant de support aux aphorismes dogmatiques de la page 21. Nous ne disons pas ceci pour en tirer vanité, ce qui serait parfaitement ridicule ; mais simplement pour constater que lorsque nous parlons de nos propres affaires, il ne faut pas s'aventurer légèrement à nous donner le démenti, ni se hâter de nous faire la leçon. Si cette portion de notre travail est longue et aride, veuillez bien, Monsieur le MAIRE, n'en pas rejeter sur nous la responsabilité.

Nous avons avancé que nos minerais nous viendraient *tous* des environs de Rédon et de Rochefort, si le chemin de fer suivait la vallée de l'Artz.

M. le Rapporteur conteste le fait : il prétend qu'*il est difficile de discuter les éventualités de l'avenir, mais plus difficile encore d'admettre que l'usine de Trédion renoncera à tirer ses minerais du territoire de Sérent qui en est très rapproché, de Bohal qui en est peu éloigné.*

C'est trancher, sous une formule qui ne manque pas d'une certaine apparence de modestie, l'une des questions les plus graves et les plus importantes de l'industrie du fer.

Nous allons toutefois justifier notre assertion; mais pour cela, nous serons obligés d'entrer dans certains développements, de faire des calculs de prix de revient, ce que nous n'avions pas jugé utile dans notre premier Mémoire qui ne traitait les questions industrielles que d'une manière sommaire.

Ce n'est pas, en effet, une question simple que celle du choix des minerais qui doivent être traités dans un haut-fourneau : c'est un problème extrêmement complexe, dans lequel il faut faire entrer la composition chimique, les frais d'exploitation, les frais de transport, la richesse.

Qu'importe, en effet, qu'un minerai soit à votre porte, s'il contient des substances nuisibles à la qualité des fontes produites?

Qu'importe qu'un minerai soit très rapproché de vos usines, s'il est pauvre, s'il est d'une exploitation difficile, ou si les chemins qu'il doit parcourir sont très mauvais, très accidentés?

Tel minerai qui se trouve à une grande distance sera préférable à tel autre qui sera sous la main.

C'est tellement vrai que, sans les droits exorbitants dont le gouvernement espagnol a frappé ses minerais de fer à la sortie, nous n'emploierions, dans nos usines, *absolument* que des minerais espagnols (1).

C'est pour n'avoir pas reconnu ces principes vitaux que nos prédécesseurs avaient laissé tomber en ruine des établissements qui recélaient cependant les plus grands éléments de succès.

Lorsque nous avons pris en mains les forges de Trédion, elles produisaient des fontes dures, cassantes, ne se prêtant qu'au moulage des objets les plus grossiers, et ne produisant que des fers excessivement rouverins (2).

Il n'était pas possible de rester dans une situation pareille : l'industrie du fer, dans le reste de la France, suivait une marche progressive ; il fallait que nos usines suivissent ce mouvement de progrès sous peine de périr.

Notre attention se porta donc tout d'abord sur les minerais dont nous faisions usage ; nous examinâmes les gisements, nous fîmes des analyses, et nous reconnûmes :

Que le soulèvement granitique qui avait produit les vallées de l'Artz et de la Claie avait donné lieu, en même temps, à la formation de gisements très étendus de minerais de fer, dans les schistes soulevés au nord de la vallée de la Claie et au sud de la vallée de l'Artz ;

Que les gisements au nord de la vallée de la Claie étaient tous

(1) Ceci prouve que, lorsque nous avons dit que nos minerais nous viendraient *tous* des environs de Redon et de Rochefort, nous n'avons entendu parler que des minerais du pays, et que nous n'avons point entendu exclure les minerais espagnols qui, malgré leur prix élevé, entreront toujours en assez forte proportion dans le lit de fusion de nos hauts-fourneaux.

(2) Pour la confirmation de ce fait on peut voir l'ouvrage de M. Berthier sur la voie sèche, page 272.

phosphoreux ; et, à un plus haut degré que les autres, le minerai de Rohan, le plus rapproché de Trédion, et celui dont cette usine faisait un usage presque exclusif ;

Que ce minerai de Rohan, outre qu'il était phosphoreux, contenait une énorme proportion de silice et n'avait pas une richesse de plus de 35 p. %.

En conséquence, nous fîmes des recherches dans les gisements du sud de la vallée de l'Artz ; et ce furent ces recherches qui nous firent découvrir les minerais de Rochefort, plus riches que ceux de Rohan, ne contenant qu'exceptionnellement des combinaisons phosphoreuses et arsénicales, ayant une dose moindre de silice, et renfermant une certaine proportion d'alumine, qui neutralise les mauvais effets de cette dernière substance.

C'est à l'usage de ces minerais que nous devons les premières améliorations de la qualité de nos produits, et, sans l'énorme différence dans les frais de transport (7 fr. de la tonne au lieu de 3 fr.) sans les difficultés que nous rencontrons pour les faire transporter dans nos usines, nous aurions depuis bien longtemps renoncé aux minerais de Rohan et de Bohal.

L'établissement des chemins de fer rapprochant les distances, fournissant des moyens de transport illimités, et devant faire disparaître la différence qui existe entre les frais de transport et même nous présenter un avantage en faveur des minerais de Rochefort, n'avons-nous pas dû dire avec juste raison que nous prendrions *tous* nos minerais dans les nombreux gisements qui existent au sud de la vallée de l'Artz, si la voie ferrée suivait la ligne qui, suivant nous, est la plus rationnelle, la moins coûteuse et la plus productive ?

Il nous sera facile, du reste, de prouver par des chiffres que, même abstraction faite de la qualité, les minerais de Rochefort et aussi ceux des environs de Redon nous reviendraient à bien meilleur compte que ceux situés au nord de la vallée de la Claie. Voici d'ailleurs ce que nous coûtent ces divers minerais :

PRIX DE REVIENT DE LA TONNE DES MINERAIS DE ROHAN ET DE BOHAL.

Minerais de Rohan.

Extraction.	3 fr.	25 c.
Poudre, outils, etc.	»	55
Redevance au propriétaire.	»	40
Transport 10 kilomètres, 3 et 4 fr. en moyenne.	3	50
Cassage.	»	75
Total.	8 fr.	45 c.

Ces minerais rendent au plus, en moyenne, 35 p. %. Pour produire une tonne de fonte avec ces minerais, l'on aurait une dépense de 24 fr.

Minerais de Bohal.

Extraction.	3 fr.	35 c.
Poudre, outils, etc.	»	55
Redevance à la commune.	»	40
Transport, 18 kilomètres.	5	»
Cassage.	»	75
Total.	10 fr.	05 c.

Ces minerais rendent environ 40 p. %.

La dépense pour produire une tonne de fonte avec ces minerais serait donc de 25 francs.

PRIX DE REVIENT DE LA TONNE DE MINERAIS DE ROCHEFORT PAR LA VOIE FERRÉE.

Extraction.	2 fr.	70 c.
(Pas de poudre.) Outils.	»	15
Redevance au propriétaire.	»	50
Port de la minière au chemin de fer, 2 à 3 kilomètres.	1	»
Port par chemin de fer jusqu'au pont Bilio, 20 kilom., à 6 cent (1).	1	20
Transport du pont Bilio à Trédion, 4 kilomètres, avec retours.	1	»
Cassage.	»	75
Total.	7 fr.	30 c.

Ces minerais rendent 40 p. %

la dépense pour produire une tonne de fonte avec ces minerais serait de 18 fr. 25 c.

On voit donc que, même au seul point de vûe du prix de revient, nous aurions intérêt à faire usage des minerais de Rochefort, qui ne nous occasionneraient qu'une dépense de 18 fr. 25 cent. par

(1) Nous portons le transport par chemin de fer à 6 centimes seulement, sachant très bien que le prix des tarifs est de 10 centimes, mais sachant aussi que les Compagnies de chemins de fer abaissent leurs tarifs jusqu'à 4 et même jusqu'à 3 centimes dans certains cas, pour le transport des matières premières. Nous avons obtenu nous-mêmes de la Compagnie d'Orléans, au prix de 6 centimes, le transport des fontes que nous avons fournies pour le Palais de l'Industrie.

tonne de fonte, de préférence à ceux de Rohan et de Bohal, qui exigent l'un 24 et l'autre 25 francs.

Mais, nous le répétons, quand bien même les minerais de Rochefort coûteraient aussi cher et même plus cher, nous leur donnerions la préférence, à cause de leur plus grande richesse et de leur meilleure qualité.

Nous avons parlé, dans notre Mémoire du 29 mars, des minerais des environs de Redon, bien que nous n'y ayons point encore d'exploitation très importante, et que ces exploitations ne soient qu'en vue du chemin de fer; cependant, les quelques centaines de tonnes que nous avons extraites de deux gisements différents, à quelques lieues en amont et en aval de Redon, nous permettent d'en établir le prix de revient :

PRIX DE REVIENT DE LA TONNE DE MINERAIS DES ENVIRONS DE REDON.

Extraction et port à l'embarcadère et outils. . . .	3 fr. 15 c.
Batelage	2 »
Transport par le chemin de fer de Redon au pont Bilio, 40 kilom., à 6 c.	2 40
Du pont Bilio à Trédion.	1 »
Cassage.	» 75
Total. . .	9 fr. 30 c.

Ces minerais sont beaucoup plus riches que tous les autres, ceux surtout en aval de Redon, qui rendent près de 50 p. %. — En admettant, en moyenne, un rendement de 45 p. %, — la dépense pour produire une tonne de fonte avec ces minerais ne serait que de 20 fr. 66 c.

Ainsi, même les minerais des environs de Redon, nous coûteraient moins cher que ceux de Rohan et de Bohal, et leur seraient bien supérieurs en richesse et en qualité.

Ce que nous avons dit des minerais alimentant Trédion, nous pouvons le dire, au même titre, de ceux qui alimentent Lanvaux.

Les minerais du pays qui alimentent Lanvaux viennent de Locminé et des bords de la Vilaine.

PRIX DE LA TONNE DES MINERAIS DU PAYS ALIMENTANT LANVAUX.

Minerais de Locminé.

Extraction	6 fr.	50 c.
Transport (en moyenne)	6	30
Redevance au propriétaire.	»	40
Outils.	»	15
Pas de cassage.		
Total. . .	13 fr.	35 c.

Minerais des bords de la Vilaine.

Extraction et port à l'embarcadère.	3 fr.	15 c.
Fret	4	»
Port à Lanvaux par charrettes, (moyenne) . . .	6	»
Cassage	»	75
Total. . .	13 fr.	90 c.

PRIX DE LA TONNE DE MINERAIS DE ROCHEFORT ET DES ENVIRONS DE REDON PAR CHEMIN DE FER A LANVAUX.

Minerais de Rochefort.

Extraction et outils.	2 fr. 85 c.
Redevance au propriétaire.	» 50
Port de la minière au chemin de fer.	1 »
Port par chemin de fer, 45 kilomètres, à 6 c.. . . .	2 70
Déchargement et entrée à l'usine.	» 25
Cassage	» 75
Total. . .	8 fr. 05 c.

Minerais de Redon.

Extraction, port à l'embarcadère, outils. . . .	3 fr. 15 c.
Batelage.	2 »
Transport par chemin de fer de Redon à Lanvaux, 65 kilomètres à 6 centimes.	3 90
Entrée à l'usine etc.	» 25
Cassage.	» 75
Total. . .	10 fr. 05 c.

Minerais d'Espagne.

Quant aux minerais d'Espagne, il est facile de voir qu'ils prendraient également la voie ferrée si elle suivait l'Artz, et que *Redon* serait le port d'arrivée pour ceux destinés à Trédion, et *Hennebont* pour ceux destinés à Lanvaux.

Le transport de *Vannes à Trédion,* et de *Vannes à Lanvaux* nous coûte par tonne savoir :

Avec retours. . . 5)
Sans retours. . . 7) Moyenne : 6 francs.

Minerais pour Trédion.

Par chemin de fer, nous paierions :

De Redon au pont Bilio 40 kilomètres à 6 cent. . 2 fr. 40 c.

Du pont Bilio à Trédion. . . . . 1 »

Total. . . . 3 fr. 40 c.

L'avantage serait plus grand encore pour les minerais devant aller à Lanvaux, parce qu'il n'y a que 27 kilomètres de cette usine à Hennebont et que le chemin de fer passerait à la porte de l'usine. Dans ce cas le transport de la tonne de ces minerais, de leur port d'arrivée à l'usine, serait :

De Hennebont à Lanvaux 27 kilomètres à 6 cent. . 1 fr. 62 c.

Déchargement et entrée à l'usine. . . . . . . » 25

Total. . . 1 fr. 87 c.

M. le Rapporteur sera convaincu, nous l'espérons, et il admettra sans doute maintenant que notre énonciation était exacte et que nous étions parfaitement sincères quand nous avancions, comme nous le faisons encore aujourd'hui :

QUE TOUS NOS MINERAIS NOUS SERONT APPORTÉS PAR LE CHEMIN DE FER S'IL SUIT LA VALLÉE DE L'ARTZ.

Ce que nous avons dit des minerais est bien plus évident pour nos autres matières premières, sauf pour le charbon de bois dont en tout état de cause une partie seulement doit prendre la voie ferrée (1). Du reste pas de contestation sur ce point, inutile d'entrer dans de plus grands détails.

Il demeure donc bien démontré que nos usines offriront au chemin de fer, passant par la vallée de l'Artz, une circulation de 13 à 14 mille tonnes de matières premières.

AUCUNE DE NOS MATIÈRES PREMIÈRES NE CIRCULERA SUR LE CHEMIN DE FER, S'IL PASSE PAR VANNES.

Il sera tout aussi facile de démontrer que, si le chemin de fer passe par Vannes, *aucune de nos matières premières n'y circulera.*

Minerais.

Prenons d'abord les minerais de Rochefort qui sont ce qu'il y a de plus important dans nos matières premières.

Serait-il possible de leur faire faire d'abord un trajet de 8 à 10 kilomètres par charrettes, pour les conduire de la minière au chemin de fer? Serait-il possible de leur faire parcourir *seulement* 12 à 15 kilomètres au plus sur la voie ferrée? et cela pour nous les rendre encore à 16 kilomètres de Trédion, en prenant le point le plus rapproché de nous?

Nous croyons d'abord, que les compagnies de chemins de fer n'acceptent pas, ou n'acceptent que difficilement des transports pour

(1) Telle est l'exception mentionnée à la page 14.

de si faibles parcours sur leurs lignes ; mais la Compagnie concessionnaire des chemins de fers bretons acceptât-t-elle des transports à ces conditions, y aurions-nous intérêt ? C'est ce que le calcul va nous démontrer.

Voici ce que nous coûterait le transport de ces minerais par cette voie.

De la minière au chemin de fer :

8 à 10 kilomètres à 30 c.	2 fr. 70 c.
12 kilomètres sur la voie ferrée à 6 c.	» 72
Du chemin de fer à Trédion : 16 kilomètres. . .	4 80
Total.	8 fr. 22 c.

Nous payons directement par charrettes 6 fr., 7 fr. et 8 fr. de la tonne, soit en moyenne. . . . . 7 fr.

Nous aurions donc plus d'intérêt ; nous trouverions plus de simplicité dans les opérations ; nous aurions plus d'économie de temps en faisant venir ce minerai directement par charrettes comme nous le faisons aujourd'hui.

Ainsi, le chemin de fer ne prendrait absolument aucune part dans le transport de nos minerais : ce serait 7 à 8,000 tonnes enlevées à sa circulation.

Charbons de bois.

Pour nos charbons de bois, l'impossibilité de prendre la voie ferrée serait encore plus grande ;

Parce qu'ils en seraient plus éloignés encore que les minerais, ceux de Lanvaux surtout ;

Parce qu'à moins d'avantages importants dans le transport, ils redoutent les chargements et déchargements ;

Parce que les déchets qu'ils éprouvent sont en rapport avec les distances qu'ils parcourent, et que, par le chemin de fer, ils parcourraient une distance presque double que par charrettes.

Castines.

Le prix de transport de nos castines nous coûte en ce moment, *par Vannes*, savoir :

Fret de Nantes, 3 fr. et 4 fr., en moyenne. . . .	3 fr. 50 c.
Transport de Vannes à Trédion, en moyenne. . .	6 »
Total.	9 fr. 50 c.

Par chemin de fer, nous paierions :

De Nantes à Kerboulard, 110 kilom. à 6 c.	6 fr. 60 c.
De Kerboulard à Trédion.	4 80
Total.	11 fr. 40 c.

Ces différences seraient encore plus saillantes pour nos autres matières premières.

Nous espérons donc qu'il sera désormais démontré d'une manière péremptoire :

Que tous nos produits et toutes nos matières premières, sauf une partie de nos charbons de bois, seront transportés par le chemin de fer, s'il suit la vallée de l'Artz ;

Que si le chemin de fer se dirige sur Vannes, il transportera une certaine quantité de nos produits, mais que nos matières premières lui feront entièrement défaut.

Nous nous sommes étendus sur cet article qui a, croyons-nous, une importance capitale, qui est à nos yeux ce que feu l'empereur Nicolas appelait une clé de position, parce nous avons voulu les placer au-dessus de toute contestation.

Avons-nous réussi ? Nous le pensons. Nous pensons que notre raisonnement subsiste, que celui de M. le Rapporteur ne subsiste pas. Si de nouveaux renseignements, de nouveaux détails, de nouveaux chiffres sont nécessaires pour porter là-dessus la conviction dans les esprits, nous les donnerons. Car c'est ici dans notre opinion la grosse affaire qui doit emporter tout le reste. Que sont en effet les éléments atomiques énumérés à la page 16 et 15 du Rapport en présence de cette compacte masse de 13,000 tonnes ? Autour des autres chiffres, il ne peut s'établir que des escarmouches sans conséquence décisive. La vraie bataille est autour de celui-là.

A cette masse de 13,000 tonnes vient se joindre une autre masse, évaluée par nous dans notre premier Mémoire à 7,800 tonnes ainsi composée :

Produits des usines	3,000
Ardoisières.	1,000
Charbon de bois.	800
Bois de chauffage.	1,500
Bois d'œuvre	1,500
Total. . .	7,800

Cette catégorie se distingue de la précédente en ce que la première appartient tout entière à l'hypothèse du tracé par la vallée de l'Artz, tandis que la seconde peut, dans une certaine mesure, se servir de la déviation par Vannes. De même que le trafic vannetais peut se servir du tracé par l'Artz. Nous ne disons certes pas qu'il y a compensation, nous pensons qu'il n'en est rien, et que la proportion des marchandises vannetaises dérivant vers le tracé de l'Artz, sera beaucoup plus considérable que la proportion de cette seconde catégorie des marchandises de l'Artz dérivant vers le tracé vannetais. Et d'ailleurs, il ne faut pas perdre de vue que cette deuxième catégorie atteint un chiffre sensiblement plus élevé que celui de tout le trafic vannetais. Ces réserves faites, admettons que dans une certaine mesure l'un va pour l'autre. Restent toujours les 13,000 tonnes de matières premières formant masse à part, masse qui tombe toute à la fois sur un tracé, qui s'éloigne toute à la fois de l'autre.

Mais nos chiffres sont-ils exacts? Après avoir rétabli nos grandes lignes de bataille nous abordons ici les escarmouches partielles, genre de guerre qui nous va peu, mais où M. le Rapporteur est fort pressant. Il doute de tout, s'étonne de tout, bataille sur ce chiffre-ci pour le rogner un peu, sur celui-là pour l'enfler un peu, et quand il s'agit du trafic vannetais ne dédaigne pas les voyageurs de Muzillac ni les 200 tonnes d'engrais calcaires. Il serre les miettes.

Bien que la chose ait peu d'importance en elle-même, comme le petit raisonnement que nous allons faire sert en quelque sorte d'introduction à ceux que nous essaierons de présenter à la fin de ces pages, et comme il y prépare les esprits, nous cédons à la tentation de guérir M. le Rapporteur d'un de ses étonnements.

Peut-être vous rappellerez-vous, M. le Maire, que dans notre Mémoire nous avions formulé cette assertion à propos des engrais calcaires, que plus le chemin de fer se rapprochera du littoral, moins il en favorisera le trafic. Nous pensions et nous pensons encore que sous ce rapport, comme sous beaucoup d'autres, l'embranchement est pour le pays préférable au tracé vannetais.

Là-dessus M. le Rapporteur s'extasie véritablement. L'audace de notre paradoxe lui semble merveilleuse, incompréhensible. Il nous demande si nous pensons que plus le chemin se rapprochera de nos usines, moins il leur servira *(p. 16, note).*

Notre réponse sera celle-ci : Les chemins qui servent sont ceux qui touchent une fois et s'éloignent ensuite. Plus ils s'éloignent après avoir touché, plus ils servent. Supposez un chemin qui s'enroule autour de nos usines, il nous sera inutile. De même un chemin rasant la côte sera beaucoup moins utile à la côte qu'un chemin s'enfonçant à l'intérieur. Ainsi, dans le cas particulier qui nous a servi de point de départ, votre chemin de fer vannetais n'est pas capable de transporter les engrais marins jusqu'à Plumergat. Pourquoi ? parce qu'à Plumergat le laboureur préférera toujours aller prendre avec sa propre charrette ses calcaires à Auray qui n'en est éloigné que de deux lieues. Plus loin, à mesure que l'on se rapproche de Landévant, même effet encore plus sensible. A chaque instant, à chaque tronçon, la circulation des marchandises sur le chemin de fer est interceptée par la concurrence des charettes venant directement du rivage (1).

(1) Ce phénomène est tellement dans la force des choses qu'il est facile, sans être aucunement mathématicien, d'en déterminer la loi.

Soit a le tarif du chemin de fer, b celui du roulage ; a' la distance d'un point quelconque A situé, sur le tracé du chemin de fer, au port où débouche le chemin de fer, Vannes ou Lorient par exemple ; b' la distance de ce même point A à un autre port intermédiaire non situé sur le chemin de fer, Auray par exemple, pour que A se desserve par le chemin de fer il faudra que l'on ait $\dfrac{a'}{b'} < \dfrac{b}{a}$

Les Compagnies connaissent a et b. La formule que nous venons de poser détermine la distance où elles doivent se tenir des côtes, pour que leur trafic ne soit par intercepté par des ports intermédiaires.

Toutefois, pour les édifier en ce qui concerne nos localités, nous leur dirons que, pour nous-mêmes, lorsque nous donnons des retours, ce qui est le cas ordinaire, et pour les cultivateurs faisant eux-mêmes leurs charrois, b est tout au plus égal à $0^f\ 20^c$.

En thèse générale, on ne porte dans un lieu que ce qui n'y existe pas, et sur toute la côte on n'a pas besoin du chemin de fer pour avoir les coquillages sous la main. Voici donc, pour le transport de ce qui vient de la côte, le chemin de fer réduit à la section de Vannes à Plumergat, 12 kilom., et pas même. Prenez une localité intermédiare, Plescop par exemple. Pensez-vous que le fermier de Plescop se serve du chemin de fer pour lui apporter ses calcaires. Pas le moins du monde. Il les ira chercher lui-même à Vannes. Pour ce qui vient de la mer, voici donc un chemin de fer qui n'ajoute rien aux anciens moyens de transports, qui ne développe rien. Nous avons dit dans notre Mémoire qu'il transporterait peut-être 250 tonnes de calcaire. Vous vous récriez et dites : « C'est trop peu ! » Nous disons de rechef : C'est beaucoup trop ! peut-être pas la moitié, peut-être pas le quart.

Du reste, ce sont ici des atômes; les voyageurs de Muzillac également. Le seul élément de trafic vraiment considérable à Vannes, ce sont les sels; sur quoi M. le Rapporteur veut ajouter à notre calcul les sels d'Ambon, Damgan et Carnac. Nous pourrions faire observer qu'il ne sera pas plus difficile pour les sels de Vannes de gagner le tracé de l'Artz que pour les sels d'Ambon et Carnac de venir à Vannes. Toutefois, accordons que les sels de Carnac pourront peut-être en partie dériver vers Vannes; ceux d'Ambon et Damgan, non : ils prendront la voie de mer pour aller à Redon.

M. le Rapporteur réclame encore, nous ne savons trop quelle parcelle; soit. Il se peut que, dans notre calcul, nous en ayons omis quelqu'une, et franchement il faut reconnaître que ces parcelles-là ne sont pas de dimension à crever les yeux. Pour réparer tous les oublis involontairement commis par nous, ajoutons 10 p. °/₀ à notre

premier calcul qui était de 5,755 tonnes. — Est-ce assez ? — Ajoutons encore une autre fois 10 p. % : vous arrivez ainsi à grand
peine, pour le trafic vannetais, à un total de 6 à 7,000.

Nous avons évalué celui de la vallée de l'Artz à 22,500, sur quoi
M. le Rapporteur nous fait plusieurs difficultés.

Celle sur laquelle il insiste avec le plus de complaisance, concerne
l'étendue donnée par nous aux bois ou forêts (peu importe le nom,
pourvu que la chose y soit), aux bois ou forêts, disons-nous, qui
avoisinent le cours de l'Artz. Sur ce point il y a eu, dit M. le Rapporteur, un tel « concours d'autorités » *(p. 18, lig. 4)* pour atté
nuer notre chiffre de 8,000 hectares et le taxer d'exagération, que
M. le Rapporteur, nonobstant sa répugnance personnelle à ne pas
nous croire sur parole, s'est bien vu forcé de céder au témoignage
de tant de personnes spéciales et compétentes.

Il est à croire qu'en cette matière les autorités consultées par
M. le Rapporteur n'avaient pas grande valeur, et que la multitude
d'hommes spéciaux accourus autour de lui n'y entendaient rien ; car
ils ont induit M. le Rapporteur en une erreur complète, en lui as-
surant que nous avions exagéré la superficie des forêts.

En articulant le chiffre de 8,000 hectares, nous n'avions consulté
que les simples notes rédigées par nous pour les besoins et usages
de notre industrie. Nous savions fort bien, et nous disions dans notre
Mémoire, que c'était là simplement un *minimum*. Nous préférions
l'alternative de rester de beaucoup au-dessous de la vérité à celle
de nous charger d'une exagération.

L'assertion de M. le Rapporteur, flanquée de son cortége d'hommes spéciaux, nous a fait y regarder de plus près. Nous avons consulté un document fort répandu, et, à juste titre, dans ce départe-

ment, et que chacun peut consulter comme nous : l'excellente carte publiée en 1847 par M. Bassac.

A cette carte sont joints des documents statistiques puisés aux sources officielles, dont nul, croyons-nous, ne récusera la valeur. Or, voici quelle contenance forestière ces tableaux donnent aux cantons avoisinant le sillon de l'Artz :

Baud . . . . 1,271 h.

Locminé. 1,330

Saint-Jean–Brévelay. 1,094

Pluvigner. 2,117

Allaire. 929

Elven. 1,634

Grand-Champ. 1,026

Rochefort. 1,317

———————
10,718 h.

A quoi il convient d'ajouter :

Pour Languidic, faisant à lui seul la moitié de la population du canton d'Hennebont, les deux tiers de sa contenance en bois qui est de 1,761 hect., soit. .   1,174

Pour les deux communes de Sérent et de Saint-Guyomard, canton de Malestroit, environ.   200

Enfin, pour les communes de Bohal, Larré, Molac, Pleucadeuc et Saint-Marcel, canton de Questembert, au moins.   950

———————
Total. . . . . . . 13,042 h.

Ajoutons encore à ces 13,000 hectares de bois cadastrés une superficié de pins non cadastrés qui s'accroît chaque jour, et que nous ne saurions, à l'heure présente, évaluer au-dessous de 2,000 hectares, et l'on aura 15,000 hectares au lieu de 8,000 indiqués dans notre Mémoire. On nous taxe d'exagération, on nous demande la preuve officielle, et il se trouve que cette preuve établit que nous sommes restés de moitié au-dessous de la vérité.

Si nous avions maintenant à dresser un nouveau tableau du trafic de la vallée de l'Artz, cette erreur nous forcerait de relever sensiblement plusieurs de nos chiffres. Outre les bois d'œuvre, qu'un homme compétent, que nous ne craignons pas de nommer ici, parce que, en fait de bois d'œuvre, c'est celui qui fait les plus grandes affaires de notre province — M. Simon, de Redon (1), — outre ces bois, disons-nous, que M. Simon nous a affirmé être évalués par nous beaucoup trop bas, nous devrions sans contredit relever fortement les deux chiffres *(p. 17, l. 2 et 3 de notre Mémoire)* relatifs au charbon de bois, et au bois de chauffage, chiffres, soit dit en passant, sur lesquels M. le Rapporteur nous reproche de faire double emploi, vu que ces chiffres doivent être compris dans ceux portés plus haut *(p. 16, l. 4 de notre Mémoire)* au compte de nos usines. Nullement. M. le Rapporteur, peu familiarisé avec le commerce des bois, n'est pas tenu de savoir là-dessus ce que nous savons nous-mêmes : qu'une forte partie des bois et des charbons de l'Artz ne passe pas par nos mains. Nous pourrions citer tel des principaux propriétaires de forêts, qui expédie chaque année ses cordes de bois à Nantes par le canal. Il en va à Lorient ; il en va à Redon. Nous-mêmes avons parfois expédié d'assez fortes quantités de bois à Nantes et de charbons à Lorient. Plusieurs milliers de cordes

(1) Parce que aussi nous répugnons à produire des compétences anonymes, croyant que, dans les enquêtes, tant vaut l'homme, tant vaut le témoignage.

sont carbonisées par de petits charbonniers qui vont eux-mêmes vendre leurs charbons pour les besoins des ménages dans toutes les villes voisines. Ce sont ces quantités de bois et de charbons que nous avons evaluées à 2,300 tonnes. Il est à croire que ce chiffre devrait être hardiment doublé. Que M. le Rapporteur en soit juge : Nous brûlons environ 15,000 cordes, dont une portion sensible , peut-être le quart ou le cinquième , est encore prise par nous en dehors de la région de l'Artz. Il faut bien que le reste aille quelque part; et ce reste, sur une superficie forestière de 15,000 hectares, est considérable. C'est de lui qu'il s'agit ici.

En signalant l'omission que nous aurions faite des écorces, M. le Rapporteur commet lui-même une inadvertance. Nous avons mentionné les écorces *(p. 16, l. 9 de notre Mémoire)*.

Les renseignements récents que nous avons pris sur les ardoisières de Rochefort nous ont fait reconnaître que nous avions beaucoup affaibli leur production dans notre premier Mémoire.

Ces ardoisières produiront cette année de 6 à 7 millions d'ardoises. MM. O'Neil et Cie, qui n'en compteront dans cette quantité que 3 millions à 3 millions cinq cents mille , en produiront 5 millions l'an prochain.

La production des ardoisières de Rochefort sera donc de près de 8 millions l'an prochain.

Le poids du millier d'ardoises varie entre 300 et 350 k.; en admettant en moyenne 325 k., elles fourniraient donc au chemin de fer 2,600 tonnes. Nous n'avions porté que 1,000 tonnes dans notre premier Mémoire; nous étions donc restés beaucoup au-dessous de la vérité.

Pour ce qui concerne le gros chiffre, celui des produits et des consommations que nous avons déclaré être en mesure de livrer à la circulation du tracé de l'Artz, chiffre que M. le Rapporteur aurait, ce semble, grande envie d'atténuer sans trop oser l'attaquer, nous lui ferons une question. Est-ce le chiffre de notre production que vous taxez d'exagération ? Est-ce le calcul de nos consommations *(p. 16 de notre Mémoire)*, et, dans ce calcul, quel est le chiffre que vous arguez ?

Voici, croyons-nous, plusieurs points vidés entre nous. Nous ne nous chicanerons pas mutuellement pour quelques centaines de tonnes de plus ou de moins. Ce serait misérable. Il est reconnu que le trafic de l'Artz se partage en deux catégories : l'une de 13,000 tonnes, l'autre, évaluée primitivement par nous à 7,800 tonnes, chiffre de tous points trop faible, que des recherches ultérieures plus précises nous permettent de porter aujourd'hui au moins à 12,000 tonnes ; encore présumons-nous rester au-dessous de la vérité, notamment dans l'évaluation des bois d'œuvres (1). Il est reconnu que celui de Vannes est de 6 à 7,000 tonnes ; que le trafic vannetais tout entier et une certaine partie de la deuxième catégorie de celui de l'Artz peuvent, en une certaine mesure, dériver vers le tracé opposé ; que les 13,000 tonnes, formant la première catégorie du trafic de l'Artz appartiennent en propre et exclusivement au tracé par la vallée de

(1) Pendant l'impression de notre travail, de nouveaux renseignements nous parviennent, qui établissent l'existence des futaies, dans la région de l'Artz, à un total de 2,500 hectares.

Le même renseignement qui nous arrive de source très compétente nous fait connaître que le rendement d'un hectare de futaie à maturité ne peut pas être au-dessous de 150 stères bois d'œuvre.

Ces futaies étant arrivées à maturité, leur exploitation devra avoir lieu dans une période très rapprochée ; si l'on admet 25 années, ce sera 100 hectares par année, qui produiront 15,000 stères ou un tonnage d'environ quatorze mille tonnes.

l'Artz. Il est reconnu que le Rapport du Conseil municipal, en date du 21 décembre 1855, ne révélait rien de cet état de choses à la Compagnie concessionnaire. Le Rapport du 10 mai ne le comprend même pas encore.

Nous avons cru devoir le révéler à la Compagnie ; or, la conséquence rigoureuse de ce fait nous répugnait profondément. Quelle conséquence ! vous l'allez voir.

Il est reconnu par tous, par M. le Rapporteur lui-même *(p. 22, l. 25)*, que le tracé vannetais coûtera plus cher de construction que celui par la vallée. La Ville de Vannes en était donc réduite à faire valoir en sa faveur une supériorité de trafic compensant cette augmentation de premiers frais. Or, voici qu'au jour de la discussion cette supériorité s'évanouit. Tout au contraire, elle se transforme en une infériorité patente, considérable. C'est ainsi que le regret de combattre la Ville de Vannes, le désir d'identifier encore une fois nos intérêts avec les siens, comme cela nous est déjà arrivé en plus d'une circonstance, — que M. le MAIRE nous permette de rappeler ces souvenirs qui nous sont très précieux, — nous ont amenés à mettre sur le tapis la combinaison de l'embranchement, et, pour la faire prévaloir, nous nous sommes laissés entraîner trop loin; nous avons fait une faute dont nous portons aujourd'hui la peine : celle de formuler des chiffres en une matière qui n'est pas de notre compétence, et des chiffres qui se sont trouvés faux.

Pour défendre notre propre intérêt, il nous suffisait de nous en tenir à des termes généraux, et de partir de cette observation peu contestable : Que la moyenne des frais de construction kilométrique sur le tracé de l'Artz, où il n'y aura de travaux d'art d'aucune sorte, sera inférieure à la moyenne kilométrique du tracé vannetais, qui, s'en allant par monts et par vaux à la façon des anciens paladins, comporte, entre autres travaux, dans le projet indiqué au Rapport du 21 décembre 1855, le pont-viaduc marinier, en aval d'Hennebont, ouvrage de grande portée et de très grande dépense (1).

Car soit k la dépense kilométrique générale — (laquelle est pour la moyenne des études faites en 1854 par les Ingénieurs, de 197,500 fr. — cette fois, nous sommes sûrs du chiffre); soit d la différence entre cette moyenne et celle par la vallée de l'Artz, la différence totale des frais de construction entre les deux tracés n'est pas seulement $2\,k$. Si l'un des deux tracés a 84 kilomètres et l'autre 86, elle sera $2\,k + 84\,d$, à quoi il faut ajouter $10\,k$ pour le tronçon

---

(1) Nous avons dû, pour maintenir la discussion dans les termes où elle s'est engagée, continuer à envisager l'hypothèse du premier tracé vannetais. D'après les paroles de M. le Rapporteur, et d'après ce qui nous est revenu à nous-mêmes, il paraîtrait que les inconvénients de ce premier projet l'ont déjà, avant même toutes études régulières, mis hors de cause, et qu'il est question d'y substituer un nouveau tracé se rapprochant davantage des côtes, non-seulement dans la portion à l'ouest de Vannes, mais aussi dans la portion à l'est.

Avant de partager l'enthousiasme de M. le Rapporteur, touchant ce nouveau projet, proclamé par lui l'idéal des tracés *(p. 24, l. 22)*, nous voudrions savoir :

1° Si l'économie du pont-viaduc n'est pas compensée par une augmentation de parcours considérable ;

2° Si cette augmentation n'est pas de 10 à 12 kilomètres comparativement au tracé par la vallée de l'Artz, c'est-à-dire, à un couple de kilomètres près, la longueur de l'embranchement ;

3° Pour le trafic d'outre en outre, dix fois, vingt fois supérieur en tonnage au trafic propre de Vannes, qui supportera les frais de traction de ces 10 ou 12 kilomètres de parcours supplémentaire ? Sera-ce la Compagnie, et alors où sera son profit ? Seront-ce les marchandises, et, en ce cas, que diront Nantes et Lorient de votre *vraie solution ?* Que diront Rennes, Redon et tout le Finistère ? Pensez-vous les trouver disposés à vous payer le tribut d'un franc et plus par tonne ?

A toutes ces questions les études des Ingénieurs nous donneront réponse.

Faisons toutefois une observation. Si l'hypothèse d'un allongement de parcours sensible est fondée, y a-t-il sagesse de la part de Vannes à provoquer un conflit où, sans être prophète, il est facile de prédire qui sera le plus fort ? Ne serait-il

entre Hennebont et Languidic à construire pour la ligne de Lorient à Napoléonville ; de sorte que la différence totale des frais de construction des deux tracés serait de 12 k + 84 d.

Ce raisonnement que rien ne faisait pressentir, dont rien ne présente la moindre trace dans le Rapport du 21 décembre 1855, qui forme la substance logique de notre Mémoire et auquel M. le Rapporteur rend lui-même aujourd'hui un hommage, malheureusement trop peu explicite (1); ce raisonnement, disons-nous, est inébranlable. Mais, pour faire prévaloir la combinaison de l'embranchement, il fallait articuler des chiffres, et c'est malheureusement ce que nous avons fait en nous référant à des notes incomplètes prises par nous en 1854.

Que M. le Maire veuille bien en effet le remarquer : il est une limite où toute discussion cesse de droit entre la combinaison du tracé vannetais et celle de l'embranchement : c'est celle du prix de cet embran-

pas plus sage de se rallier immédiatement à une combinaison qui, sauvegardant les intérêts vannetais, demeure inoffensive pour tous ?

Faut-il, en attendant, dire notre pensée ? Cette nouvelle combinaison est incapable de soutenir sérieusement la comparaison avec celle de l'embranchement. On l'abandonnera comme la précédente. On essaiera d'une troisième qui obtiendra de plus en plus l'enthousiasme de M. le Rapporteur, et que l'on abandonnera encore.

(1) Il s'agit de fournir la preuve de nos paroles.

Dans son travail du 21 décembre 1855, M. le Rapporteur dit : « *Il n'y a qu'avantages à passer par Vannes*, et ces avantages, quelque considérables qu'ils soient, ne vous coûteront ni un plus long parcours (2 k. au plus), ni plus de difficultés à surmonter, ni, par conséquent augmentation notable de dépenses... » On voit que, de la façon dont les choses sont ici présentées, cette augmentation de dépenses est évaluée à seulement 2 kil. Il n'est question ni des 84 d, ni des 10 k. pour le tronçon de Hennebont à Languidic.

C'est nous qui, dans notre Mémoire, lui signalons ces deux omissions.

Dans le rapport du 10 mai il reconnaît, dans une certaine mesure, la justesse de nos observations, et tient compte 1° des 10 k, quand il dit que le nouveau projet « abrégerait l'embranchement sur Napoléonville » *(p. 24, lig. 19)*; 2° des 84 d.

chement lui-même. Supposons, comme nous le croyons en effet, que cet embranchement à une voie soit une affaire de moins de deux millions. Tant que la dépense supplémentaire du tracé vannetais demeure inférieure à ce chiffre, on peut, à la rigueur, discuter. On peut dire que les avantages particuliers de ce tracé compenseront en revenu ce surcroît de dépenses. Nous prétendons positivement le contraire, et les raisons données par nous à l'appui de notre opinion ne sont pas dénuées de valeur. Mais elles résultent d'appréciations que l'on veut vérifier, et durant ce temps le débat subsiste.

Du moment que le surcroît de dépenses du tracé vannetais dépasse, fût-ce d'une somme insignifiante, le prix de construction de l'embranchement, toute appréciation de nos chiffres devient superflue, toute comparaison des deux trafics devient oiseuse en regard d'une

puisqu'il évalue la moyenne du tracé de l'Artz à 175,000 fr. *(p. 22, l. 15)*, et celle de la dérivation vannetaise à 177,353 fr. *(p. 22, l. 22)*.

Nous aurions à coup sûr beaucoup à dire sur les bases parfaitement illogiques (assertion que nous n'aurons pas de peine à justifier, si on le désire) qu'il donne à sa comparaison. Passons outre en faisant toutes nos réserves, et constatons seulement que lui-même reconnaît, selon notre observation, devoir tenir compte, pour le premier projet de dérivation vannetaise, de 84 *d* et de 10 *k* en sus des 2 *k* posés dans son premier rapport. Seulement, à notre regret, il s'abstient d'avouer que c'est nous qui avons rectifié son raisonnement sur ce point. Quand M. le Rapporteur a raison contre nous, nous le confessons de bonne grâce. Nous aimerions qu'il en agît de même avec nous. Ce serait de plus beau jeu.

Le nouveau projet de dérivation devant, paraît-il (s'il est possible), passer au-dessus d'Hennebont, M. le rapporteur, dans son calcul des frais différentiels *(p. 22, l. 25)*, croit pouvoir encore une fois supprimer les incommodes 10 *k* du tronçon de Hennebont à Languidic, et ne tenir compte que de 2 *k* + 84 *d* (ces 84 *d* appréciés à sa façon). Si le nouveau tracé passe à Languidic même, il est certain que les 10 *k* du tronçon de Napoléonville sont supprimés. Mais alors prenez garde que la différence de longueur des deux tracés, par l'Artz et par Vannes, ne sera plus de 2 *k* seulement, mais bien de 8, 10 ou 12, selon les tracés que l'on essaiera. Si notre remarque est fondée, la logique de M. le Rapporteur est donc encore ici légèrement écourtée, et nous avons raison de nous plaindre que l'hommage rendu à notre raisonnement soit incomplet.

combinaison qui, coûtant moins cher que le tracé vannetais, a le mérite de concentrer ses avantages et ceux du tracé de l'Artz, de réunir ces deux trafics, quel que puisse être chacun d'eux. Toute incertitude disparaît; tout antagonisme s'efface; pour tous les gens sensés, le débat tombe à terre.

Voulant donc établir en chiffres ce que nous indiquons en termes généraux, nous avons fait la faute d'inscrire dans notre Mémoire des chiffres de construction kilométrique, et des chiffres qui se sont trouvés inexacts. Sur ce point, M. le Rapporteur a pleinement raison et nous avons tort. Nous nous empressons de reconnaître loyalement et sans détour notre erreur qui grâce à Dieu n'infirme en rien la rigueur de notre raisonnement (1). A la place des chiffres, que l'on mette des signes algébriques, et le raisonnement subsiste en son entier. Mais il manque d'une conclusion précise en faveur de l'embranchement.

Aux yeux de M. le Rapporteur, la combinaison de l'embranchement a le défaut d'être nuisible à la Compagnie, indifférente à tout le reste, utile seulement à nos usines. En ceci nous croyons qu'il se trompe, et qu'elle est également utile au port de Vannes.

Croire qu'un port se suffise à lui-même, qu'il trouve en soi les éléments de sa propre prospérité, est une vue bien incomplète, bien défectueuse. On n'est pas port de rien du tout; il faut être port de quelque chose. Un port est une sorte de boutique, de roulage maritime, vivant de ce qu'on lui donne à transporter. Il est l'étape par où

---

(1) Comme si nous en eussions eu le pressentiment, on remarquera que, dans cet endroit-là même de notre Mémoire *(p. 21, l. 6)*, nous déclarions *ne pas prétendre dire le dernier mot*. Il y a des choses sur lesquelles nous avouerons franchement que nous tâcherons de l'avoir : ce sont celles qui sont de notre compétence, et spécialement celles qui concernent nos affaires. Sur les autres, il tombe sous le sens que nous n'y prétendons pas.

passent les produits et les consommations de la contrée adjacente avant d'arriver à leur but. Plus cette contrée produit et consomme, plus le port fait lui-même d'affaires. Développer la production de l'une en améliorant ses conditions de transport, c'est développer l'activité de l'autre, et les deux intérêts sont parfaitement connexes. A qui a le plus profité le chemin de fer du Lancashire, est-ce à la fabrique de Manchester, est-ce au port de Liverpool? Est-ce notre faute à nous si derrière le port de Vannes, il n'y a pas de Manchester? Est-ce notre faute à nous si dans l'état actuel nous sommes seuls, si presque la moitié des frets du port de Vannes est, dans l'état actuel, fournie par nous seuls, si les marins du port de Vannes vivent pour moitié du travail que nous leur donnons. Qu'ils sachent bien que le jour où l'embranchement serait exécuté, nous serions en mesure de faire pour eux bien autre chose que ce que nous avons fait jusqu'ici. Qu'ils sachent que la vallée de l'Artz sillonnée par un chemin de fer, ne tarderait pas à devenir le siége de plusieurs industries, qui concourraient avec la nôtre à vivifier le port de Vannes et à doubler leur fonds de vie. Mais ce n'est pas ainsi que l'on entend les choses : de peur que Vannes ne devienne le port de quelqu'un, — comme si ce quelqu'un-là devait jamais accaparer tous les navires de manière à n'en pas laisser aux autres, — on veut qu'il ne soit le port de personne, et si les marins se plaignent, on les enverra se promener en voiture, et chercher fortune ailleurs.

M. le Rapporteur le prend de fort haut, avec la prétention que nous aurions de faire de Vannes le port de Trédion et de Lanvaux (*p. 25 l. 1 et 13*). Redon et Lorient seront peut-être moins dédaigneux, et disposés à plus faire pour acquérir notre clientèle, que Vannes pour la conserver.

III.

Ceci nous amène à examiner en terminant l'opinion exprimée par
M. le Rapporteur sur la valeur de l'embranchement qui serait, dit-il,
gênant pour le service et les voyageurs, et exigerait des augmenta-
tions de matériel, personnel et combustible, peut-être mal compensés
(*p. 25, l. 1, 2 et 3*).

Tout à l'heure, lorsqu'il s'agissait de comparer le trafic vannetais
au nôtre, on était moins timoré. On avait plus de confiance dans sa
propre importance. On se prenait d'enthousiasme pour un tracé de
dérivation par Vannes, chargeant la Compagnie d'une augmentation
de matériel, personnel et combustible, équivalente à celui de l'embranchement. Mais il ne s'agit plus de cela. Pour une raison ou pour
une autre, on préfère la déviation par Vannes, au tracé par l'Artz
avec embranchement sur Vannes. En quoi nous reconnaissons que
l'opinion générale est à Vannes, sinon ailleurs, identique à celle
exprimée par M. le Rapporteur, qu'il est l'organe fidèle et habile non-
seulement de ses collègues du Conseil municipal, mais encore
de la grande majorité de la population vannetaise. Eh bien, fussions-
nous seuls, nous sommes d'un avis diamètralement contraire. Nous
sommes convaincus que l'opinion se fourvoie, qu'elle méconnaît ses

propres intérêts, que le Conseil municipal se trompe, que l'embranchement est plus avantageux pour la Ville de Vannes, pour le port de Vannes, que la déviation demandée. Renverser le courant d'idées maintenant établi, ramener le Conseil municipal et l'opinion publique à notre façon de voir, nous ne l'espérons pas. Nous savons que les masses une fois lancées sur une voie ne se retournent pas aisément. Toutefois l'intelligence des affaires que veut bien nous attribuer M. le Rapporteur, les études spéciales auxquelles il veut bien reconnaître que nous nous sommes livrés, nous donnent l'assurance de produire notre opinion. Nous la produirons sans autre ambition que celle d'obtenir le suffrage de quelques esprits impartiaux et éclairés, les seuls auxquels il arrive parfois de modifier leurs façons de voir. (1) Veuillez, Monsieur le MAIRE, nous permettre de vous exprimer les motifs de notre conviction.

Comme c'est ici une question tout entière du ressort de l'économie politique, nous commencerons par vous prier de fixer votre attention sur trois fragments du père de cette science.

« Un pays qui est traversé par des rivières navigables (2) donnant à quelques-unes de ses parties les plus enfoncées dans les terres, la commodité du transport par eau, est un pays bien disposé par la nature pour être le siége d'un grand commerce étranger, de

---

(1) Nous disons ceci, pour qu'on ne croie pas nous répondre en opposant des noms à nos raisons.

Cette façon de discuter est caractérisée par une phrase très vive de Pascal, que nous nous refusons le plaisir de citer, parce qu'on y verrait peut-être de méchantes allusions qui sont à mille lieues de notre esprit.

D'ailleurs tous ceux ayant quelque littérature n'auront pas de peine à retrouver la phrase dont nous voulons parler.

(2) Adam Smith ne connaissait pas les chemins de fer qui, commercialement, sont des rivières, c'est-à-dire des voies de transport économiques.

manufactures pour la vente au loin et de tous les autres genres d'industrie que ceux-ci peuvent faire naître. » *(Richesse des nations, liv. 3, chap. 4).*

« Lorsqu'une ville est située sur les bords d'une rivière navigable, ses habitants ne sont pas nécessairement contraints à tirer leur subsistance et les matériaux de leur industrie de la campagne qui les environne. Ils ont un champ bien plus vaste. » *(Ibid., liv. 3, ch. 3).*

« Le grand commerce de toute société civilisée est celui qui s'établit entre les villes et les campagnes, il consiste dans l'échange du produit brut contre le produit manufacturé, et les gains sont réciproques. » *(Ibid. liv. 3, ch. 1).*

Efforçons-nous de commenter à notre manière ces trois fragments en les appliquant au cas présent, et tout d'abord faisons observer que la rivière d'Adam Smith ne rase pas les côtes, mais qu'elle s'enfonce dans les terres, s'y enfonce profondément. C'est à cette condition-là seule, et proportionnellement à la manière dont elle remplit cette condition que la ville a chance de développer son *commerce* et son *industrie* et de vivifier les campagnes adjacentes.

A Vannes, comme partout, il faut distinguer ces deux choses-là.

L'industrie vannetaise est peu apparente. Cependant elle existe. Il y a, à Vannes, deux industries qui sont sérieuses, vivaces, mettant en œuvre des capitaux non dénués d'importance, entretenant un bon nombre de familles, susceptibles, si les hommes et les circonstances les secondent, de prendre du développement, en un mot très dignes d'intérêt à tous égards. Ce sont les Constructions maritimes et les Tanneries. Des deux combinaisons en présence — l'embranchement et la déviation, — laquelle entre mieux dans l'intérêt de ces deux industries.

A tout seigneur tout honneur. L'industrie la plus importante de Vannes est à coup sûr celle des constructions maritimes. Toutes les autres réunies ne l'égalent peut-être pas. Elle entretient une centaine d'ouvriers au salaire moyen d'environ 2 fr. 50 c. par jour, défraye par conséquent une centaine de famille et atteint un chiffre de fabrication d'environ un demi-million.

Il y a peu d'années, le tonnage total du matériel commercial maritime français était évalué à 800,000 tonneaux et la construction annuelle à 50,000 tonneaux. Aujourd'hui nous ne serions par surpris que ce chiffre ne fut sensiblement dépassé et ne se rapprochât de 60,000 tonneaux. Quoi qu'il en soit, sur ce total, les chantiers de Vannes figurent pour un chiffre de 1,500 tonneaux, chiffre considérable, à coup sûr, de nature à flatter l'amour-propre vannetais, et à nous faire voir ce que valent les hommes auxquels notre place doit un tel mouvement d'affaires, et qui s'explique, outre leur habileté, par le bas prix du bois sur notre place. Ce prix permet à nos constructeurs d'établir leurs navires au taux d'environ 350 fr. tonne, à 50 fr. près les prix de New-Yorck et de Québec, tandisque dans les grands ports de France et d'Angleterre la tonne d'un navire tout armé, assurances comprises, dépasse en général 500 fr.

La cause de la prospérité de nos chantiers gît toute entière en ceci, que grâce aux arbres champêtres, grâce surtout aux bois de fossés répandus à profusion autour de nos domaines, nos constructeurs peuvent se procurer, au prix de 50 fr. l'un, les 1,500 mètres cubes (1) nécessaires à la construction de leurs 1,500 tonneaux. Le rayon sur lequel ils puisent leur approvisionnement est fort limité et loin d'être

______

(1) Nous disons mètres cubes et non pas stères. Dans le langage du commerce il y a une différence considérable.

inépuisable. Il est même à croire qu'ils ne pourraient franchir notablement le chiffre de leur fabrication présente sans hausser leurs prix d'achat ou de transport, et par conséquent relever le prix de vente du tonneau de jauge, et diminuer l'écart entre leur prix actuel et celui des grands ports, écart auquel ils doivent leur prospérité,

> Et propter vitam vivendi perdere causas,

dit le poète. Car il va de soi que les grands ports qui, comme fabrication, feront toujours mieux que nous, parce qu'ils ont des ouvriers plus habiles, qui emploient des bois de qualités supérieures, qui doublent et chevillent en cuivre, tandis que nous doublons en zinc et chevillons en fer, il va de soi que les grands ports accapareront la construction à mesure que nous diminuerons l'écart entre nos prix et les leurs, à moins que cette diminution d'écart ne corresponde à un rapprochement de qualités dans les produits.

Or, il ne faut pas le laisser ignorer aux constructeurs vannetais; un extrême danger les menace. Les chemins de fer sont de très grands consommateurs de bois. Il leur en faut, rien que pour les traverses, 800 mètres cubes par lieue de 4 kilomètres à deux voies, et pour les 40 lieues environ concédées dans notre département, cela fait un total d'environ 32,000 mètres cubes d'une qualité identique à celle employée par nos constructeurs, c'est-à-dire plus de vingt fois leur consommation annuelle.

Quel sera l'effet de cette demande extraordinaire et périodiquement renouvelée par dixième sur le marché restreint de nos localités, et en particulier sur les côtes si le chemin s'en rapproche? A coup sûr, une hausse de prix et l'épuisement du marché d'approvisionnement de nos constructeurs. Se sentent-ils en mesure de résister à ce double choc.

Le péril est imminent , considérable. Y a-t-il un moyen de le conjurer? Nous le croyons, nous l'espérons, et si, ce qu'à Dieu ne plaise, il en devait être autrement, si l'existence de nos chantiers devait être compromise, si nos constructeurs devaient succomber, liquider leurs affaires et congédier leurs ouvriers, fussiez-vous en mesure d'offrir à ceux-ci comme aux marins des places sur le velours et le maroquin pour aller à Nantes ou à Brest, ce serait pour notre place une vraie calamité. Mais ce dont nous sommes sûrs, c'est que s'il existe un moyen de sauver nos constructeurs, et non-seulement de les sauver, mais d'affermir leur position, de donner carrière et avenir à leurs opérations, ce ne peut être que d'ouvrir pour eux la rivière, s'enfonçant à l'intérieur, d'Ad. Smith, d'élargir la surface de leur marché d'approvisionnement (1), d'étendre l'horizon de leurs affaires, de les mettre en contact avec toute la longueur de ce sillon entre l'Artz et le Loch d'une part, la Claye et l'Evel de l'autre où sont les plus fortes existences forestières du département, et où même après le passage du chemin de fer subsisteront des réserves

(1) Si, par hypothèse, ce marché, par le passage des chemins de fer, se trouve appauvri des deux tiers et étendu du triple, la proportion se balance et l'état de choses actuel subsiste avec l'accroissement annuel du bois sur une surface triple comme élément progressif.

Ce que nous appelons *marché*, c'est la contrée susceptible de déverser ses produits au-dessous d'un certain prix de transport que, en ce qui concerne les bois actuellement employés par nos constructeurs, nous ne saurions déterminer. Mais il va de soi que ce prix, le tarif du chemin de fer fût-il seulement la moitié de celui des voituriers actuels, permettra d'aller chercher les bois sur un rayon double. Et aux rayons doubles correspondent des surfaces quadruples. Il faut en outre tenir compte, dans cette circonstance, que le sillon de l'Artz est tout ce qu'il y a de plus boisé dans le département.

en bois d'œuvre un peu plus cher peut-être que celui des arbres
champêtres, mais de qualité fort supérieure, qui permettraient à nos
constructeurs de relever sans péril le prix de vente du tonneau de
jauge et d'un transport rendu facile et économique par la voie ferrée.
Il n'est même pas dit que l'abaissement des prix de transport ne
compensera pas pour une bonne part l'exhaussement des prix d'a-
chats. En un mot, leur salut, c'est l'embranchement.

« Lorsqu'une ville est située sur les bords d'une rivière navigable, ses habitants ne sont pas nécessairement contraints à tirer
leurs... matériaux de la contrée voisine. Ils ont un champ bien plus
vaste », dit Adam Smith.

Ainsi, pour ce qui concerne les constructions maritimes, le tracé
par Vannes les tue infailliblement. L'embranchement les sauve.

Passons aux tanneries. Cette industrie fort inférieure en importance
à la précédente n'est cependant pas à dédaigner. Elle entretient à
Vannes un personnel ouvrier d'à peu près 30 personnes, et atteint un
chiffre de fabrication de 300,000 fr. Comme elle est à peu près désin-
téressée dans la question des chemins de fer, vu que les matières em-
ployées par elle ne constituent pas, en dehors des écorces, un tonnage
appréciable, nous serons brefs. La somme totale des écorces impor-
tées à Vannes, atteint à peine le chiffre de 200 à 250 tonnes. Ce chiffre
est modeste, mais quel qu'il soit, l'avantage est encore ici, entièrement
du côté de l'embranchemt. Ces écorces viennent à peu près exclusivement des forêts de l'Artz, et dans l'état actuel paient en moyenne
dix francs la tonne, de transport. L'embranchement économiserait
aux tanneurs au moins huit francs par tonne (1).

(1) Il existe encore à Vannes d'autres industries fort dignes de considération,
tant par les capitaux qu'elles mettent en œuvre que par le nombre d'ouvriers

Voici la question examinée au point de vue de l'industrie vannetaise. Toujours la rivière d'Adam Smith, toujours l'embranchement.

Passons au commerce vannetais. Nous en distinguerons deux groupes qu'il ne faut pas confondre, le commerce de transit et le commerce de débit, le premier spéculant sur le transport des denrées, le second sur leur consommation locale.

De ces deux commerces, l'un est le grand, l'autre le petit, l'un crée rapidement les capitaux et développe les lieux où il se fixe, le second est une mousse qui tapisse le sol, et seul n'a jamais suffi à féconder une contrée, à développer une ville. Son rôle est d'être le serviteur de l'autre, de s'y subordonner, et de le suivre pas à pas par derrière. Ainsi posé, il est utile et rend d'incontestables services. Veuillez de plus remarquer, Monsieur le Maire, que le transport des denrées non naturelles à notre localité étant dans le langage de l'économie politique une *nouvelle façon* donnée à ces denrées, ce que nous appelons ici commerce de transit n'est autre chose que l'échange du produit brut et du produit manufacturé opéré entre les villes et les campagnes, échange qu'Adam Smith proclame le plus grand commerce de toute société civilisée.

Y a-t-il du grand commerce à Vannes? Assurément. Il y a d'abord les négociants en vins, commerce excellent, paraît-il, puisqu'il s'y est fait de nos jours, de belles fortunes, et qu'il s'en fait encore sous nos yeux.

Il y a le commerce des grains qui devrait être le premier de tous, et qui néanmoins fixe peu les regards, parce que, croyons-nous, il est

---

qu'elles emploient et l'habileté avec laquelle elles sont dirigées ; mais opérant sur des matières premières dénuées de pesanteur, elles sont complètement désintéressées dans la question. C'est pourquoi nous les passons sous silence.

traité en commission. De tous les commerces il n'en est pas qui, pour se commanditer soi-même, exige de plus grands capitaux, de plus puissantes maisons, et soit soumis à plus de vicissitudes. C'est pourquoi notre pays fait très sagement de le traiter en commission, qui est une très sûre et excellente forme de commerce. Celui des grains ne saurait être que fort considérable dans notre département qui, par cela seul qu'il n'est pas manufacturier, paie tout ce qui lui manque, vins, denrées coloniales, étoffes, houilles, etc., tout disons-nous en denrées agricoles, dont le blé est la principale, proportion gardée comme une petite Russie. — D'où résulte, que pour que l'on vienne chercher ces denrées chez nous, nous sommes malheureusement contraints de les tenir au-dessous du cours qu'ils ont dans les contrées d'importation, circonstance très fâcheuse.

Il y a encore le commerce de matières diverses, bois, miels, etc. Nous n'avons pas la prétention de les énumérer toutes.

Ces divers commerces ayant un intérêt identique et procédant dans leurs opérations de la même manière, nous les confondrons dans l'examen de la valeur comparative du tracé vannetais et de l'embranchement, en prenant le commerce des vins comme type d'un raisonnement que l'on appliquera à tous les autres.

Dans l'état actuel, la sphère d'activité et de spéculation du commerce vannetais est limitée, à l'ouest par la concurrence d'Auray, à l'est par celle de Billiers et Muzillac, au Nord par celle de Redon pénétrant profondément dans les terres grâce au canal, et nous prenant à dos. Cette sphère est donc fort resserrée. Eh bien, le tracé vannetais ne lui donnerait nulle extension et laisserait les choses exactement dans l'état où elles sont présentement.

Ce que nous avons dit plus haut du commerce des engrais calcaires tombant d'aplomb sur celui des denrées dont il peut être ici question, nous ne nous appesantirons pas à démontrer l'assertion qui précède. On voit tout d'abord qu'il en sera de la circulation d'une barrique de vin partant de Vannes par le tracé côtier, absolument comme de celle d'une barrique de chaux, et si l'on se donne la peine d'appliquer les calculs de la note de la page 31, on verra que toutes deux n'atteindront pas d'un côté Plumergat qui se desservira par Auray, de l'autre Questembert qui se desservira par Muzillac.

Ainsi, d'une part, en ce qui concerne l'extension du négoce vannetais, le tracé par Vannes ne change absolument rien à l'état de choses actuellement subsistant. Il n'ajoute pas un kilomètre carré à ce que, dans le langage de l'économie politique, on appelle le marché de Vannes, comme aussi il n'en retranche pas un kilom. carré.

En est-il de même du tracé par l'Artz avec embranchement?

Voyons d'abord si le port d'Auray est susceptible d'intercepter a circulation du négoce vannetais sur les chemins de fer comme dans le cas précédent. Supposons, comme nous l'avons toujours fait, le fermier transportant lui-même ses denrées, ce qui est la circonstance la plus défavorable, et partant, ce que nous avons désigné b dans la note de la page 31, évalué un peu au-dessous de 0 fr. 20 c. Mettons si l'on veut 0 fr. 18 c.

Sur le tracé de l'Artz, le point le plus rapproché d'Auray, celui par conséquent où la concurrence d'Auray pourrait se faire le mieux sentir, est celui où la vallée du Loc est coupée par la route de grande communication n° 27. De ce point, à Auray, il y a 16 kilomètres qui, au tarif de 0 fr. 18 c., font 2 fr. 88 c. Par le chemin de fer et l'embranchement, il y en a 24 ou 25, selon le lieu de raccordement de et embranchement. D'où résulte un tarif de 2 fr. 40 à 2 fr. 50 c.

On voit que Vannes conserve son avantage, que la marchandise vannetaise n'est pas interceptée par celle d'Auray, et que le consommateur de ce point et de tous ceux à l'ouest, jusqu'à ce qu'on rencontre la concurrence d'Hennebont, trouvera profit à s'approvisionner par le port de Vannes.

A l'est, prenons le point le plus rapproché de Muzillac, qui est l'intersection de la route de grande communication n° 37 avec la vallée de l'Artz. Par terre, il y a 20 kilomètres faisant un tarif de 3 fr. 60 c. Par chemin de fer, il y en a 34 kilom. faisant un tarif de 3 fr. 40 c. (1). La marchandise vannetaise passe encore, et ne s'arrête qu'au point où elle est interceptée par la concurrence de Redon. Celle d'Auray et de Muzillac sont supprimées. Celle du canal est elle-même repoussée d'au moins deux lieues vers le nord. Prenons un point fort rapproché de Josselin, Guéhéno, par exemple, qui n'en est qu'à 10 kilom., et supposons toujours le fermier transportant lui-même ses denrées, ce qui après tout pour les petites distances est dans nos contrées le cas ordinaire. Relevons même, si l'on veut, le tarif à 0 fr. 20 c. Dans l'état actuel, le batelage est, si nous ne nous trompons, de 0 fr. 09 c., droits compris, de sorte qu'à Josselin, point le plus rapproché de Vannes, la tonne venant de Redon doit payer quelque chose comme 5 fr. 40 c. Si le fermier veut expédier une tonne de grain à Redon, cette tonne supportera donc 2 fr. de voiture et 5 fr. 40 c. de batelage. Total, 7 fr. 40 c. Par l'embranchement, elle supportera 1 fr. 30 de péage au chemin de fer et 3 fr. 20 c. pour 16 kilom. Total, 4 fr. 50 c. Le fermier

____

(1) Tous ces chiffres, ceux de l'ouest comme ceux de l'est, se serrent de fort près. Qu'est-ce à dire, sinon qu'en suivant la vallée de l'Artz le chemin de fer se rapproche autant des côtes qu'il lui est possible de le faire sans sacrifier ses intérêts. Quelques kilomètres de moins, et sa circulation est partout interceptée.

de Guéhéno aura donc avantage à s'adresser au négociant vannetais.

Que l'on prenne un compas et une carte, et que l'on suppute quel accroissement en lieues carrées l'embranchement donnera à l'aire du marché vannetais, on verra que cet accroissement est d'environ moitié, c'est-à-dire que le chiffre des affaires de nos négociants sera doublé, qu'ils vendront moitié plus de vins, achèteront moitié plus de grain, de bois, etc., que dans l'état actuel, et partant dans le système de la voie côtière qui n'y change rien.

Dans ce cas encore Smith a donc raison; sa rivière s'enfonçant à l'intérieur est la meilleure combinaison.

Avons-nous tout dit? Pas encore. Nous avons à dessein omis jusqu'ici un commerce plus important dans nos contrées que tous les autres, celui des transports maritimes qui, selon les pièces annexées au travail de M. le Rapporteur, entretiendraient dans le Morbihan une population de 8,000 marins, c'est-à-dire une population de 30 à 40,000 âmes. Quel est leur intérêt en ceci?

Quand nous avons vu l'organe du Conseil municipal prendre leur cause en main et se faire leur avocat, notre étonnement a été extrême. Nous nous sommes demandés : Qui de lui ou de nous y a droit? qui de lui ou de nous entretient de travail cette courageuse population? qui de lui ou de nous défraie de chargements le port de Vannes? qui de lui ou de nous a des intérêts connexes, identiques, avec le personnel marinier de nos côtes? — Après tout, nous sommes-nous dit, tel est le privilége des organes municipaux, ils semblent parler pour tous et les simples particuliers pour eux seuls.

Nous avons donc poursuivi notre lecture afin de connaître les avantages présentés aux marins du Morbihan dans l'hypothèse d'un chemin côtier. Est-ce de faire pour eux plus que nous? est-ce d'aug-

menter la somme de leurs chargements, de leurs gains, et de procurer à leur travail de nouveaux aliments ? — Ici notre étonnement a
redoublé. L'avantage qui leur est offert est de susciter à leur industrie la plus redoutable des concurrences, de condamner la moitié de
leurs navires à pourrir à vide dans le port de Vannes ; et sans doute,
pour s'épargner le spectacle de les voir mourir de faim sous ses yeux,
de les transporter à Nantes ou à Brest. Qu'ils ne s'inquiètent pas de
leur chargement ; on le fera tenir à Nantes par wagons. Et s'ils veulent un bon conseil, qu'ils vendent leur navire comme bois à brûler.
Inutile lignum.

Parmi les bonnes plaisanteries qui abondent dans le travail de
M. le Rapporteur, celle-ci est indubitablement la meilleure de toutes.

Ce n'est pas ainsi que nous comprenons l'intérêt de la marine ; non,
ce n'est pas ainsi. Nous croyons que son avantage est de multiplier
la somme des affaires, la masse des marchandises qui, de l'intérieur,
viendront par Vannes prendre leurs écoulements vers la mer, et de
celles qui, de la mer, viendront par Vannes s'enfoncer dans les terres.
Nous croyons que la combinaison de l'embranchement, que la rivière
d'Adam Smith, est celle qui se prête le mieux à cette double condition, en ce que c'est elle qui augmente et centralise le mieux la
masse de toutes les affaires de négoce et d'industrie. Nous croyons que
la route côtière réduite à transporter les mêmes choses que le cabo-
tage, sera contrainte à lui faire une concurrence acharnée, fatale à
l'un et à l'autre, amoindrissant dans une forte proportion les moyens
d'existence de nos marins ; tandis qu'une voie plus intérieure, ni trop
loin des côtes, pour ne pas entrer dans le désert, ni trop près, pour
ne pas faire double emploi avec la mer, débouchant par embranchement au port de Vannes, loin de faire concurrence à la marine,

lui apporterait son tribut et recevrait le sien, au grand avantage de tous les deux.

Voilà ce que nous pensons. Si nous avions l'honneur de parler devant une assemblée de marins du Morbihan, voilà ce que nous leur dirions. M. le Rapporteur leur tiendrait un langage contraire. Nous avons la conviction profonde, intime, inébranlable, que c'est nous qui sommes dans le vrai, qui soutenons dans ce débat l'intérêt réel et vital de la marine morbihannaise. Mais nous avons une telle dévotion en l'infaillibilité du suffrage universel appliqué à ces sortes de choses, que nous ne serions nullement surpris de voir l'assemblée de marins, oubliant les gages que nous avons donnés, que nous donnons tous les jours à son industrie, adopter l'opinion de M. le Rapporteur et condamner la nôtre.

Il y aurait cependant pour eux un moyen bien simple de reconnaître leurs vrais amis de ceux qui s'imaginent l'être ; ce serait de nous dire aux uns et aux autres : « Vous voulez être mes avocats ; fort bien. Que ferez-vous pour moi ? Je ne suis pas rentier roulant carrosse. Je vis de travail ; quelle augmentation de travail me fournirez-vous, vous, avec votre route côtière, vous, avec votre embranchement ? Combien de frets me donnerez-vous l'un et l'autre ? J'en vais chercher partout. Qui m'en donnera le plus dans mon pays ? C'est à ce signe que je reconnaîtrai mes vrais et mes faux amis ; je ne parle pas du passé qui est passé, mais de l'avenir. Nous sommes 8,000 ; qui nous donnera du pain ? » Mais on ne prendra pas la peine de nous adresser toutes ces questions, auxquelles nous déclarons toutefois être prêts à répondre pour ce qui nous concerne. La foule suit la foule, et quand elle est une fois lancée, pour convertir 20,000 personnes d'un coup, il n'y a que les missionnaires assistés de la grâce divine.

Nous avons parcouru une longue route, et ne sommes cependant pas tout-à-fait parvenus au terme. Des deux formes générales du commerce, nous avons examiné la première, celle de transit ; il nous reste à parler de la seconde, à savoir le commerce de débit et de détail qui est, nous l'avouerons, non pas le plus important, mais le plus apparent et peut-être le plus officiellement représenté de Vannes.

Pour celui-là, nous serons courts. Nous avouerons en deux mots qu'il peut avoir quelque intérêt au tracé par Vannes. Proprement, c'est celui-là que M. le Rapporteur et le Conseil municipal semblent avoir seul envisagé jusqu'ici. Nous croyons que de toutes les faces sous lesquelles la question, objet de notre débat, pouvait être abordée, ils se sont attachés à la plus étroite. Nous croyons que l'accessoire finit toujours par suivre le principal, et que le principal ici c'est le grand commerce, c'est l'industrie véritable. Mais, en restreignant la question à n'envisager que le petit commerce dans son intérêt actuel, immédiat, nous confessons que M. le Rapporteur et le Conseil municipal peuvent avoir raison. Ce n'est pas sûr. Les avis peuvent différer. Il y a du pour et du contre. Si quelques petits commerces de consommation y ont un avantage évident, d'autres, notamment tout ce qui se rapporte au vêtement, peuvent y perdre. Admettons toutefois que, pour la plupart des petits commerces — surtout les plus petits — il y a profit, et qu'à ce point de vue, la rivière d'Adam Smith est à peu près indifférente.

C'est même une remarque à faire que plus le commerce est petit, plus l'avantage de la déviation est évident, plus il se rapproche du grand commerce, plus l'avantage devient problématique. Ainsi, les décrotteurs, cabaretiers, marchands de tabac ont tout à gagner, et les grands magasins d'étoffe ne sont nullement sûrs de ne pas perdre.

La question se résume donc de la sorte : d'un côté, l'intérêt du grand commerce et de l'industrie ; de l'autre, l'intérêt du petit commerce. Entre ces deux groupes, l'hésitation ne nous était pas permise. Par la tournure de nos esprits et de nos idées non moins que par la nature de nos affaires, notre place était marquée d'avance. Le Conseil municipal a voté pour le second ; nous votons très résolument pour le premier.

Tels sont, Monsieur le Maire, les motifs de notre opinion, que nous n'avons pas craint de déduire avec tous les développements nécessaires pour les rendre accessibles à toutes les intelligences. Nous croyons avoir solidement établi qu'Adam Smith l'eut résolue dans le même sens que nous ; qu'au point de vue des vrais, des grands intérêts vannetais, il eût préféré l'embranchement à la déviation.

Mais à Vannes on pense autrement. On a une économie politique différente dont nous savons bien qu'on ne reviendra pas. Aux marins, aux négociants, aux constructeurs, on préfère les débitants de tabac. Après tout, chacun est libre de gouverner ses affaires selon son idée, et nous n'avons rien à dire, si ce n'est qu'on se trompe, qu'on perpétue à jamais la médiocrité des destinées vannetaises, alors que l'on avait jour à leur donner essor. Nous en gémissons et espérons que l'on aura le bonheur de ne pas réussir.

Veuillez agréer les sentiments de considération la plus distinguée avec laquelle nous sommes,

Monsieur le Maire,

Vos très humbles serviteurs,

Comte De **VIREL**.

J. **BESQUEUT**.